Energía para el presente

Energía del viento

Por Tea Benduhn

Consultora de lectura, Susan Nations, M.Ed., autora/consultora en alfabetización/consultora de desarrollo de la lectura

Consultora de ciencias, Debra Voege, M.A., especialista en recursos curriculares de ciencias

WEEKLY READER® PUBLISHING

Please visit our web site at www.garethstevens.com.
For a free color catalog describing our list of high-quality books,
call 1-800-542-2595 (USA) or 1-800-387-3178 (Canada). Our fax: 1-877-542-2596

Library of Congress Cataloging-in-Publication Data

Benduhn, Tea.
[Wind power. Spanish]
Energía del viento / por Tea Benduhn.
p. cm. — (Energía para el presente)
Includes bibliographical references and index.
ISBN-10: 0-8368-9271-2 — ISBN-13: 978-0-8368-9271-0 (lib. bdg.)
ISBN-10: 0-8368-9370-0 — ISBN-13: 978-0-8368-9370-0 (softcover)
1. Wind power—Juvenile literature. I. Title.
TJ820.B4618 2009
621.31'2136—dc22 2008019036

This edition first published in 2009 by
Weekly Reader® Books
An Imprint of Gareth Stevens Publishing
1 Reader's Digest Road
Pleasantville, NY 10570-7000 USA

Senior Managing Editor: Lisa M. Herrington
Senior Editor: Brian Fitzgerald
Creative Director: Lisa Donovan
Designer: Ken Crossland
Photo Researcher: Diane Laska-Swanke

Spanish Edition produced by A+ Media, Inc.
Editorial Director: Julio Abreu
Translators: Adriana Rosado-Bonewitz, Luis Albores
Associate Editors: Janina Morgan, Rosario Ortiz,
Bernardo Rivera, Carolyn Schildgen
Production Designer: Faith Weeks

Image credits: Cover and title page: © Rafa Irusta/Shutterstock; p. 5: © Norbert Schaefer/Corbis; p. 6: © Konstantin Sutyagin/Shutterstock; p. 7: © Eric Gevaert/Shutterstock; p. 9: © Chris Sattlberger/Photo Researchers, Inc.; p. 10: © Tom Uhlman/Alamy; p. 11: © Mike Theiss/Ultimate Chase/Corbis; p. 12: © UpperCut Images/Alamy; p. 13: RobSchuster.com; p. 15: © Chris Howes/Wild Places Photography/Alamy; p. 16: PPM Energy/NREL; p. 17: © Clynt Garnham/Alamy; p. 19: © BL Images Ltd./Alamy; p. 20: Synergy Art: Windside wind turbine in art work Synergia in Oulu, Finland. Design by Pekka Jauhiainen, © Oy Windside Production Ltd.; p. 21: © Paul Glendell/Alamy.

Printed in the United States

1 2 3 4 5 6 7 8 9 10 09 08

Contenido

Las palabras definidas en el glosario están impresas en **negritas** la primera vez que aparecen en el texto.

Capítulo 1

¿Qué es la energía del viento?

¿Te gusta volar cometas un día con viento? El aire levanta la cometa del piso y la eleva en el cielo. Un molinete gira en el viento. El viento lleva las semillas de un diente de león. La energía del viento mueve el molinete, las semillas y la cometa.

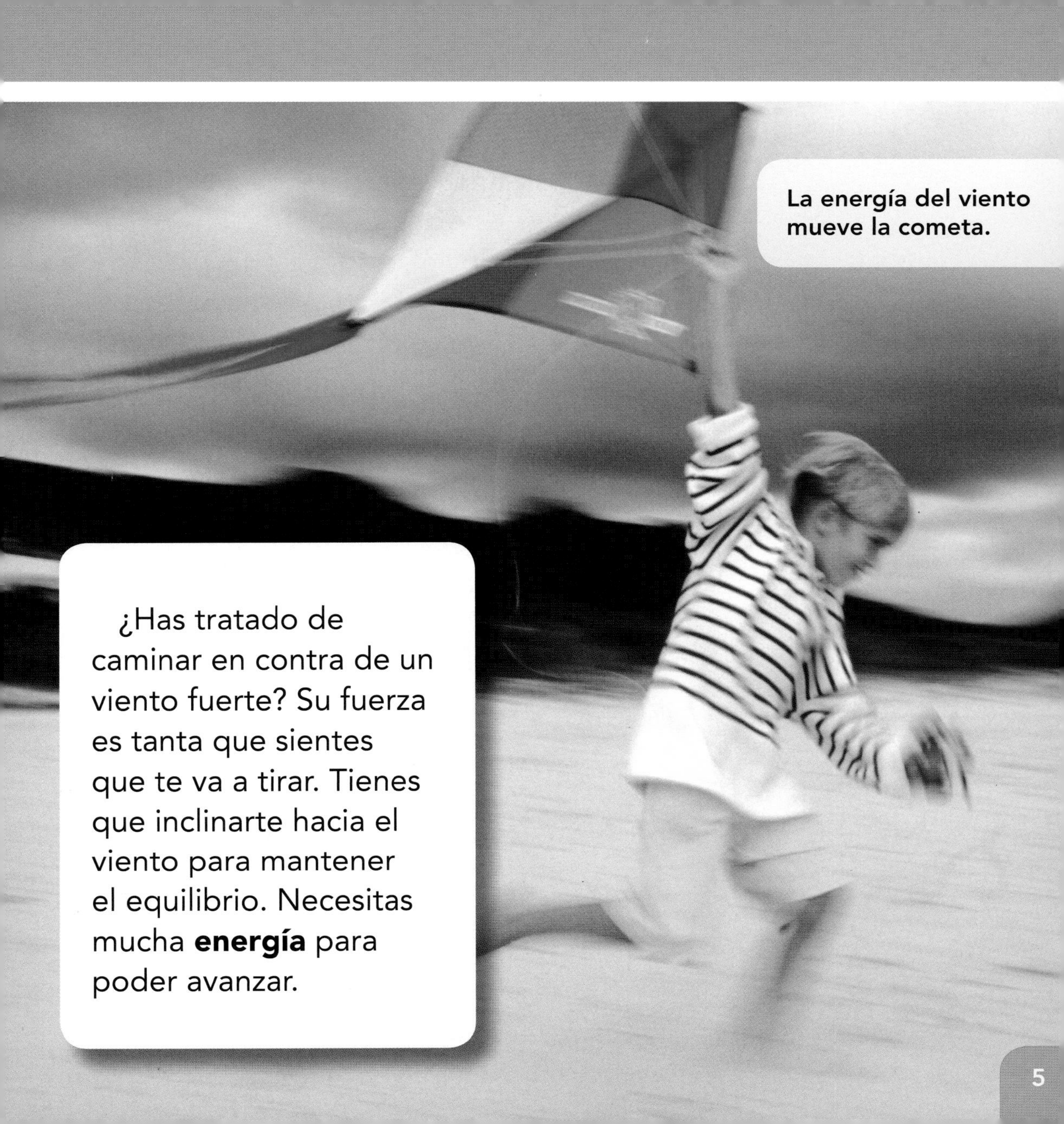

La energía del viento mueve la cometa.

¿Has tratado de caminar en contra de un viento fuerte? Su fuerza es tanta que sientes que te va a tirar. Tienes que inclinarte hacia el viento para mantener el equilibrio. Necesitas mucha **energía** para poder avanzar.

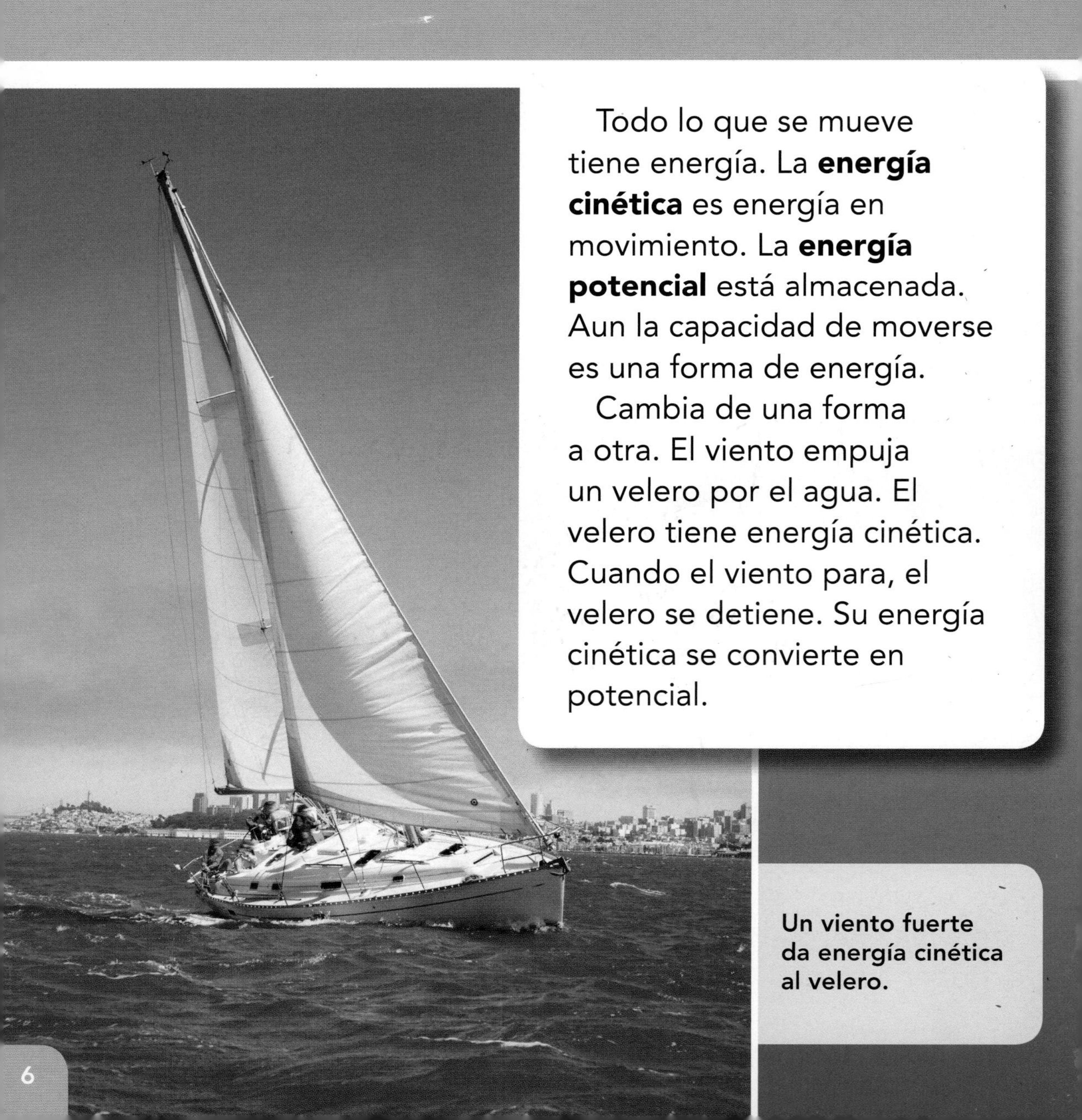

Todo lo que se mueve tiene energía. La **energía cinética** es energía en movimiento. La **energía potencial** está almacenada. Aun la capacidad de moverse es una forma de energía.

Cambia de una forma a otra. El viento empuja un velero por el agua. El velero tiene energía cinética. Cuando el viento para, el velero se detiene. Su energía cinética se convierte en potencial.

Un viento fuerte da energía cinética al velero.

El viento es una fuente de energía. Obtener energía del viento no es nada nuevo. Se ha usado por miles de años. Se construyeron veleros después, **molinos de viento**. Sus aspas giran con el viento. Los primeros molinos bombeaban agua o molían granos para hacer harina. Hoy usamos la energía del viento para hacer electricidad. Con electricidad funcionan muchas cosas en nuestras casas, como luces y el refrigerador.

Un molino parece un ventilador grande, pero son cosas diferentes. Un molino usa el viento para hacer energía. Un ventilador usa energía para hacer viento.

Capítulo 2

Fuentes de energía

El viento sopla en todas partes. Pero hoy muy poca energía viene del viento. El mundo obtiene casi el un por ciento de su energía del viento. ¿De dónde viene el resto de la energía? La mayoría viene del petróleo, el gas natural y el carbón. Estas fuentes de energía se llaman **combustibles fósiles**.

Es difícil encontrar combustibles fósiles. Una plataforma saca petróleo de las profundidades.

Los combustibles fósiles se forman de restos de plantas y animales de hace millones de años. Quemamos combustibles fósiles para hacer energía. Por ejemplo, una planta de energía quema carbón para hacer electricidad. Al quemarse un combustible fósil, se ha ido para siempre. Los combustibles fósiles son **recursos no renovables**. No se pueden sustituir.

¿Has visto el humo de una fábrica o un auto? El humo es de combustibles fósiles que se queman. Esto genera **contaminación**. Es difícil respirar aire contaminado. La contaminación del aire se mezcla con la lluvia y la nieve que caen a la Tierra. El agua contaminada puede enfermar a personas y animales.

Los autos y camiones queman combustibles fósiles para funcionar. Contaminan el aire.

Quemar carbón, petróleo y gas natural está calentando el mundo poco a poco. Esta alza mundial de la temperatura se llama **calentamiento global**. Algunos científicos creen que el calentamiento global provoca más tormentas. También pueden ser más fuertes. Tormentas con vientos fuertes, como los huracanes, pueden dañar edificios y lastimar a las personas.

Un huracán es la tormenta más fuerte. Algunos de los más fuertes han ocurrido en años recientes.

Un molinete gira con el viento. No puedes ver el viento, pero sí, que las cosas se mueven.

La energía del viento es una fuente de energía limpia. No contamina. No se acabará el viento. Es un **recurso renovable**. El viento no para de soplar cuando se usa para energía. Mientras sople el viento, podremos usar la energía del viento.

Cómo se forma el viento

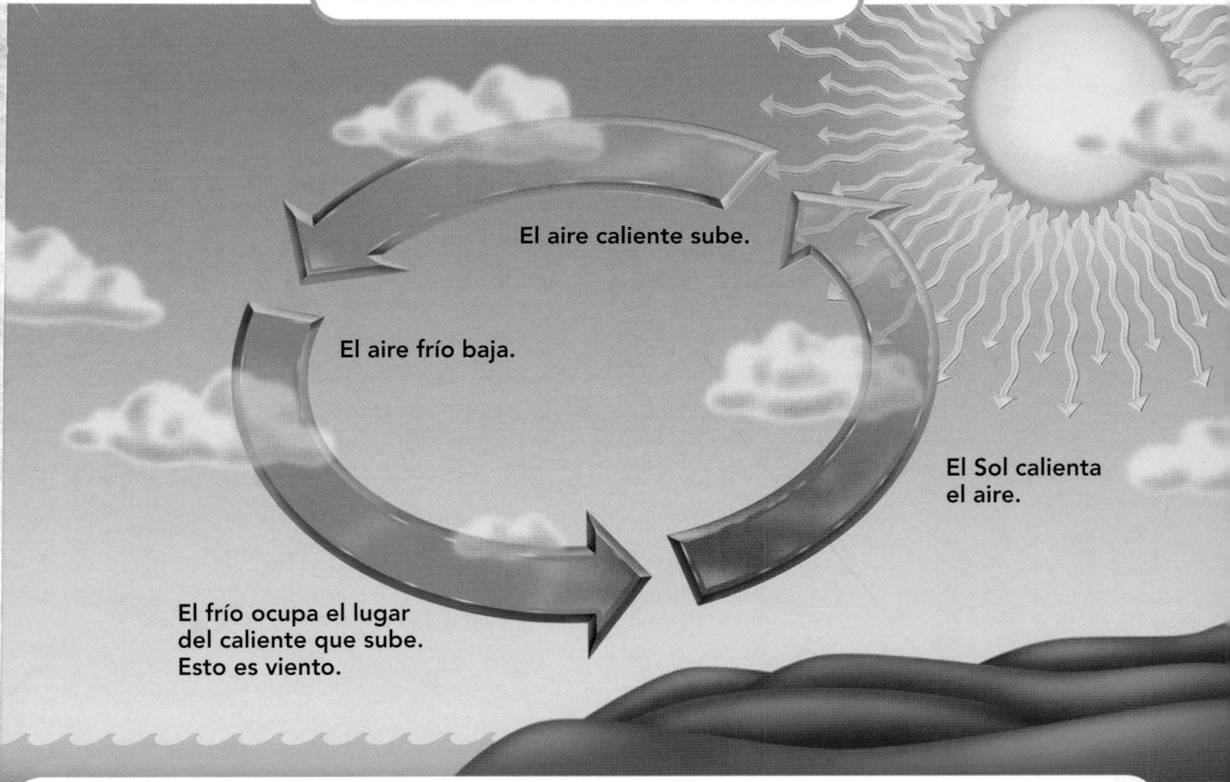

El aire caliente sube.

El aire frío baja.

El Sol calienta el aire.

El frío ocupa el lugar del caliente que sube. Esto es viento.

¿De dónde viene el viento? Tierra y agua forman la superficie de la Tierra. La tierra absorbe el calor del Sol más rápido que el agua. El aire sobre la tierra se calienta más rápido que sobre el agua. El caliente es más ligero que el frío. El caliente sube. El frío ocupa su lugar. Cambios de temperatura hacen que el aire se mueva y sople en muchas direcciones. El aire que se mueve es viento.

Capítulo 3

Cómo funciona la energía del viento

Hoy, molinos modernos llamados **turbinas** de viento hacen electricidad. Una turbina es diferente del antiguo molino. Sus aspas parecen hélices de un avión. Su torre por lo general es hueca y de acero en lugar de madera. Casi todas tienen tres aspas. Juntas se combinan muchas turbinas para hacer una granja de viento.

Como con los molinos antiguos, una turbina atrapa la energía del viento. Las aspas al girar dan fuerza a un **generador**. El generador convierte la energía del viento en electricidad. Después ésta se envía por cables a una planta de energía. Envía electricidad a las casas, escuelas y otros edificios.

El viento gira las aspas de la turbina. Un generador convierte la energía en electricidad.

El viento es más fuerte entre más lejos esté del suelo. Las turbinas en granjas de viento son muy altas para poder atrapar más viento. Entre más viento atrapa una turbina, más electricidad hace. Muchas turbinas son tan altas como edificios de 20 pisos. Sus aspas pueden medir 61 metros de largo. Algunas turbinas son más grandes.

Un camión se ve chico junto a una torre de una turbina. ¡Y éstas son más pequeñas que la mayoría!

Las granjas de viento funcionan mejor donde hay viento constante y fuerte. En las planicies y zonas costeras no hay muchos árboles o edificios que bloqueen el viento. El viento tiene que soplar entre 14 y 89 kilómetros por hora para que una turbina funcione. Se apagan si el viento es muy fuerte.

Las turbinas funcionan mejor en espacios abiertos, como sobre el agua. Ahí nada puede bloquear el viento.

Capítulo 4

Energía del viento en el futuro

Hoy casi toda nuestra energía es de combustibles fósiles. Pero la del viento es la fuente de energía renovable que más rápido crece. A lo menos 39 estados tienen energía del viento. Texas, California y Minnesota generan la mayor cantidad. Estados Unidos planea obtener 5 por ciento de su fuerza de la energía del viento para 2020.

Un buen sitio para una granja de viento es un campo abierto y plano.

A algunas personas no les gustan las granjas de viento. Dicen que las turbinas hacen ruido y obstruyen su vista. Aves mueren al chocar contra las aspas. Puede ser poco confiable la energía del viento. Cuando no sopla, no pueden hacer energía las turbinas. También, cuestan mucho dinero.

Estas turbinas nuevas se ven muy diferentes a las otras. Son más silenciosas y más seguras para las aves.

Los científicos trabajan para mejorar las turbinas de viento. Las están haciendo más silenciosas y seguras para las aves. Hay turbinas nuevas con más juegos de aspas. Estas turbinas pueden atrapar más viento y generar más energía. Otros tipos nuevos de turbinas trabajan aun con una brisa suave.

Algunas casas usan turbinas pequeñas.

El viento será una fuente importante de energía en el futuro. La energía del agua y del Sol también ayudará a reducir nuestra necesidad de combustibles fósiles. Usar fuentes de energía renovables ayudará a que nuestro planeta sea más limpio, verde ¡y un mejor lugar para vivir!

Glosario

calentamiento global: elevación lenta de la temperatura de la Tierra

combustibles fósiles: fuentes de energía como petróleo, gas y carbón formadas de los restos de plantas o animales que vivieron hace millones de años

contaminación: materiales dañinos en el ambiente

energía: la habilidad de hacer un trabajo

energía cinética: energía en movimiento

energía potencial: energía que se almacena

generador: máquina que hace electricidad u otra energía

molinos de viento: máquinas que usan el viento para hacer girar grandes aspas

recurso no renovable: que no se puede usar de nuevo. Al usarse, se va para siempre. Los combustibles fósiles son recursos no renovables.

recurso renovable: que puede usarse de nuevo. Los recursos renovables pueden ser aire, agua, luz solar, viento, plantas y animales.

turbinas: máquinas que giran para crear electricidad

Para más información

Libros

Air Pollution. Science Matters (series). Heather C. Hudak (Weigl Publishers, 2006)

Generating Wind Power. Energy Revolution (series). Niki Walker (Crabtree Publishing, 2007)

Wind Power. Sources of Energy (series). Diane Gibson (Smart Apple Media, 2004)

Sitios Web

Alliant Energy Kids

www.alliantenergykids.com/stellent2/groups/public/documents/pub/phk_ee_re_001502.hcsp

Aprende más sobre las turbinas de viento y cómo funcionan.

EIA Energy Kid's Page

www.eia.doe.gov/kids/energyfacts/sources/renewable/wind.html

Lee sobre las maneras en que la gente ha usado la energía del viento durante la historia.

Nota del editor para educadores y padres: Nuestros editores han revisado meticulosamente estos sitios Web para asegurarse de que sean apropiados para niños. Sin embargo, muchos sitios Web cambian con frecuencia, y no podemos asegurar que el contenido futuro de los sitios seguirán satisfaciendo nuestros estándares altos de calidad y valor educativo. Se le advierte que se debe supervisar estrechamente a los niños siempre que tengan acceso a Internet.

Índice

Acerca de la autora

Tea Benduhn escribe libros y edita una revista. Vive en el hermoso estado de Wisconsin con su esposo y dos gatos. Las paredes de su casa están cubiertas de repisas llenas de libros. Tea dice: "Leo todos los días. ¡Es más divertido que ver televisión!"